1914-1918
THE WORLD WAR ONE

THE AUTHOR

Luca Stefano Cristini has edited various publications on ancient and contemporary historical themes, including books on thirty years war, Medieval, Napoleonic as well as several illustrated books with historical color photographs. He has also curated all the brands of Soldiershop publishing.

ACKNOWLEDGEMENTS

A Special Thanks to the Heidelberg Biblioteck University and at all the several institution, museum, library, bibliotecks, public or private collection & athenaeums that with their positive copyright policy about part of his collections, allows us the use of many images present in our books. We remember same of this great World Institutions: New York Public Library, Rara CH, Europeana, US Library of Congress, Riikmuseum of Amsterdam, Dusseldorf University Library, Polona Library, Herzog August Bibliothek of Wolfenbüttel, Stuttgart Bibliothek, SLUB Dresden, Frankfurt am Main Universitätsbibliothek, Europeana, Wikipedia, and many others...

A mio nonno Guglielmo, IL kaiser...

Our book presents all the text and the captions of the plates in English and Italian language.
The caption of the plates are in the original German, Italian or French language.

Title: **1915-1918 ITALIAN PRO & CONS SATIRE** - 1915-1918 - La satira pro e contro l'Italia By Luca Stefano Cristini.
ISBN code: 978-88-93273039 First edition January 2018 Code.: WW1-003

Cover & Art Design: Luca S. Cristini
WW1&2 brand is a trademark of Soldiershop Publishing, via Padre Davide, 7 - 24050 Zanica (BG) ITALY.

1915-1918
ITALIAN PRO & CONS SATIRE

1915-1918 LA SATIRA PRO E CONTRO L'ITALIA

BY LUCA STEFANO CRISTINI

BOOKS TO COLLECT

Le vittorie italiane
 — Per bacco! lo stivale ha cambiato posizione.

Les victoires italiennes
 — Parbleu! la botte a changé de position.

The italian victory
 — Good Heavens! The leg has changed position.

The Italian Victory. Good heavens ! The leg has changed position!

WAR ITALIAN PROPAGANDA & SATIRE PRO & CONS 1915-1918

Italian propaganda during World War I was mainly directed against Austria-Hungary. It developed slowly until the great Italian defeat at the battle of Caporetto in 1917. This defeat, which left parts of Italy under enemy occupation, provoked an ideological shift aimed at boosting morale and mobilizing the nation against an enemy invasion.

ITALIAN PROPAGANDA AGAINST AUSTRIA-HUNGARY

In order to strike back against Austria-Hungarian propaganda Italy, along with representatives from other Allies of World War I, were forced to meet and come up with propaganda techniques against Austria-Hungary. The Padua Commission was a military-civilian agency, formed in 1918 to coordinate a propaganda offensive, led mostly by the Italians. This late war Commission designed and put into action the Italian led Allied propaganda campaign against Austria-Hungary. While Italy had been attempting to spread propaganda through Austria-Hungary, their previous efforts had been fairly ineffective and a new propaganda front was needed. One of the major leaders in the commission was an Italian delegate named Ugo Ojetti. Ojetti worked together with the Yugoslav Committee and came up with a plan to appeal to the minority groups within Austria-Hungary and to encourage a desire to create independent nations for these minority groups, specifically the idea of an independent Yugoslavia. The plan included the spread of pamphlets, manifestos, and flyers to promote this idea of an independent Yugoslavia. The hopes for this appeal was to cause the Austria-Hungarian troops to become so demoralized that they would leave the Austria-Hungarian military and either surrender to Italian troops or begin fighting Austria-Hungary from within its borders.

Appeal to minority groups

Between May 15, 1918 and early November 1918, around 60 million copies of 643 different manifestos and almost 2 million copies of 80 news sheets were spread over Austria-Hungary by the Italian propaganda movement as a result of the Padua Commission. The amount of propaganda spread in this time frame was three times greater than the amount of propaganda spread over Germany by the British throughout the entire war. Austria-Hungary immediately took note of this new campaign and grew concerned over the disturbances that may be caused, not only on the front lines but domestically as well. Austria-Hungary was forced to divert some of its attention from acting as a proponent of propaganda to establishing defenses and anti-propaganda campaigns. Immediately following the initiation of Italy's propaganda campaign pro-independence leaflets were finding their ways to the front lines. Cases were quickly arising where soldiers would then bring these leaflets home and share them with their household or community.

The majority of these leaflets were aimed at Croats, Slovenes, and Serbs to rise against the Habsburg monarchy and establish their own, independent nation. One leaflet targeting Slovenes and Croats specifically stated, "The decisive battle has begun. Either justice will conquer and the sun of freedom for all nations will shine, or the coarse, brutal force of German militaristic barbarism will conquer, which would signify: further slavery. At this greatest moment it is the duty of every Serb, Croat and Slovene not only not to fight on the Austrian side, but to thrust their bayonets into Magyar and German chests." On the battle field Austria-Hungarian soldiers began to surrender themselves to the Italian military, carrying these pamphlets with them in hopes of better treatment. While soldiers brought these pamphlets with them when they surrendered the majority of them stated that they surrendered due to hunger and lack of supplies rather than for the reasons intended, seeing the propaganda as an opportunity to abscond. The Austria-Hungary military pursued a tough anti-propaganda campaign by holding massive investigations into discovered propaganda. The moment even a single pamphlet of propaganda was found, the military would create harsh interrogations to discover where this propaganda was found, why the soldier had it, how many of these pamphlets were in the area, and other investigative questions.

ANTI-GERMAN PROPAGANDA

In response to Austria-Hungary's attacks on Italy's ally Great Britain, Italy created a series of propaganda designed to attack Germany. During the military stagnation between Italian and Austria-Hungarian troops the only time any land was gained by either side was when Germany supplied Austria-Hungary with troops, causing a slight advancement of Central Power troops. Once Germany began their tumble leading to their loss these troops were pulled from Austria-Hungary, which caused the Italians to reply with similar tactics to Austria-Hungary's anti-British campaign. The Italians were quick to spread news from the front, displaying the Germans as being obliterated by the British, French, and Americans on the western front. Pro-allied publications from within the Central Powers were being spread by Italian propagandists stating, "'an awful abyss yawns under the feet of the German people', and that Habsburg soldiers ought to break their own chains immediately if they were not to suffer the same dismal fate."

In addition to this spread of dread across Austria-Hungary, the Italians wanted to continue encouraging Austria-Hungarian minority groups to join their cause. The Italians proclaimed that the Allied Powers were advocates of freedom, liberty, and justice. The Yugoslav Committee would praise how the Italians treated their prisoners of war and how the Italians were being incredibly supportive of the formation of an independent Yugoslavia. While there may have been some truth to these claims, the majority of the manifestos proclaiming Italy's determination to assist in the creation of an independent Yugoslavia, were stretching the truth and overplaying Italy's desire to create an independent Yugoslavia. The formation of an ally in an independent Yugoslavia was hoped for, but in terms of Italy's war aims it was not seen as a necessary goal.

WW1 HISTORICAL ITALIAN & FRENCH SATIRICAL MAGAZINE

L'*Asino* (The Donkey) was an Italian magazine of political satire founded in Rome on November 27, 1892, by Guido Podrecca (1865–1923) and Gabriele Galantara (1867–1937), a former mathematics student, designer and cartoonist, both with a socialist background. The two took the pseudonyms

"Goliardo" (Podrecca) and "Ratalanga" (Galantara), and with these nicknames signed the outputs of the weekly. The magazine's title was from a saying of Francesco Domenico Guerrazzi that said that "the donkey is like the people: useful, patient and stubborn", which became the subtitle and the motto of the editors. In 1911, the war in Libya caused a serious rift between Podrecca, who had been elected deputy for the Italian Socialist Party in 1909, who was in favour of the war, while Galantara resolutely opposed in the name of anti-militarist and internationalist principles. L'Asino floundered, giving space to both positions, but the cartoons of Galantara against the war were more effective than the articles of Podrecca in favour of it.Both founders sided with the interventionists during World War I, but the magazine lost its bite his cartoons with its nationalist stance.

OTHER TALIAN TRENCH JOURNALS FROM THE WW1 PERIOD

There was several Italian trench journals from the WW1 period. Journals such as "Il Grigio Verde", "La Trincea", "Gli Avvenimenti", "L'eco Caricaturista", "La Scintilla Caricaturista" etc. Among which are illustrated and coloured journals such as "La Tradotta" with comic strips.

These trench journals through their wit and black humour, present a unique selection of wry, humorous and poignant submissions from the Italian soldiers. They contain poems, sketches, short stories, jokes, plays, letters, editorial cartoons, articles and a wider commentary on military and civilian life written and illustrated by the soldiers. Produced, mostly unofficially, by every type of unit engaged in the war, they are a reflection of their units and were principally distributed only to the members of the unit. Trench journalism functioned to sustain morale and develop a military culture by providing outlets for soldiers to socialise, share accomplishments, and vent frustrations with military life. These unique, though little-known, journals provide an essential counterpoint to the official histories of the First World War.

Le Rire was a successful French humor magazine published from October 1894 until its final issue in April 1971. Founded in Paris during the Belle Époque by Felix Juven, Le Rire appeared as typical Parisians began to achieve more education, income and leisure time.

The Dreyfus Affair occurred in 1894 and Le Rire was one of many publications to tap anti-Republican sentiment in wake of that scandal. It was a time in which French governance was frequently characterized by corruption and mismanagement. Government ministers and military officials became frequent targets. The satirical journal was filled with excellent drawings by prominent artists. The most prominent contributor was Théophile Steinlen, Henri de Toulouse-Lautrec, Juan Gris, Caran D'Ache (Emmanuel Poiré) and others. During the WW1 the magazine change his name in *Le Rire Rouge*.

La Baïonnette (The Bayonet) was first published in 1915, when a group of French illustrators got together and decided to create a satirical/humor magazine on the war. By the end of 1914 and the beginning of 1915, numerous soldiers who had previously been working in the printing industry, were released from military duty and sent back to their former places of work, to meet the increased demand for news publications. Many new magazine titles were also created at that time, La Baïonnette amongst them. Each issue was built up around a theme — leave, food, women replacing men behind the front, godmothers, new recruits, wounded, animals at war, Paris during wartime, and so on. There was no advertising in the magazine. It was partially published in color with many full-page illustrations. The inside pages consisted of more cartoons, satirical drawings, jokes, and witty commentary.

WW1 HISTORICAL GERMAN SATIRICAL MAGAZINE & NEWSPAPERS

*L*ustige Blätter are the German Caricature in the XIX to XXth Century and especially highlights the political satirical drawings. The satirical magazine was founded by the writer Alexander Moszkowski (1851-1934), who worked for the Berlin *Wespe* from 1877-1886.

Moszkowski founded in 1886 with Otto Eysler - first in Hamburg - the *Lustige Blätter*. The Viennese Eysler wanted to create a joke sheet in the style of the Viennese style, with the participation of numerous Austrian artists. After his speedy move to Berlin, Moszowski first took the helm together with Paul von Schoenthan as editor in chief.

Moszowski led the magazine until he retired in 1928 at the age of 77. From the 1890s onwards, he brought about a stylistic reorientation. The colored, full-page caricatures on the first and last page, which were executed in the four-color printing process, and especially on the title pages, developed a good advertising effect.

They are reminiscent of French satirical journals such as *Le Rire* and Henri de Toulouse-Lautrec's poster style, with whom the draftsman Edmund Edel was personally known. The *Lustige Blätter* appeared weekly, dealing with contemporary, cultural and social themes. Thematic editions on topics such as carnival, sports and cinema as well as special numbers on World War One, and other periodical or cultural events were published.

Moszowski, who had worked as a chief editor until 1927, created characters such as the "Lattenfritze" and dedicated, among others, the illustrator Heinrich Zille, who also worked for other famous satirical newspaper as *Ulk* , *Jugend* and *Simplicissimus* .

Other prominent artists, who partly contributed caricatures over many years, include Lyonel Feininger , Wilhelm Anton Wellner , Feodor Czabran , Ernst Heilemann , Walter Trier and Julius Klinger . Among the best-known authors was Bruno Balz, a poet and composer; Maximilan Krämer, Leo Wulff, Betty Korytowska, Max Brinkmann, Rudolf Presber (also known as Mirza Spiral), Gustav Hochstetter, Paul Kraemer, and Georg Mühlen-Schulte were among the other editors. After 1891 the *Lustige Blätter* appeared as an independent magazine.

Above all, during the Weimar Republic, the twelve to sixteen-page-strong newspaper had a large readership with up to 60,000 copies and organized the popular Berliner Lustige Blätter ball every winter. *Lustige Blätter* initially assumed always a progressive, liberal attitude, in the Nazi years, the magazine approached a nationalist orientation, just to 1944, when the *Lustige Blätter* were discontinued.

*K*ladderadatsch was a satirical-political German magazine first published in Berlin from 1848 to 1944, and appearing "daily, except for weekdays". It was founded by Albert Hofmann and David Kalisch, a liberal Berlin humorist and son of a Jewish merchant and the author of several works of comedy. The name of the magazine is derived from the phonetic expression " *Kladderadatsch*" , which means "something falls down and breaks with cracks in shards". The magazine title made the term so popular that it became the political slogan that was ironically used - especially by August Bebel - to characterize the collapse of the bourgeois society. The popularity of the joke sheet, which had a monopoly position in the Prussian capital, already evoked parodic imitations like *Ausseuchnet.*

After the First World War there was a slump in the circulation. In 1923 the Hofmann-Verlag sold the magazine to the Stinnes Company of the industrialist Hugo Stinnes . The content became increasingly right-wing and denounced moderate politicians of the Weimar Republic. As early as 1923, Hitler and national socialism were supported. The tenor shifted towards German Nationalism and Nazism and the cartoons became increasingly antisemitic.

Arthur Johnson, the strange figure of an American satirical at German service in the WW1

Arthur Johnson was born in Germany in 1878. His father was American, but he was brought up in Germany by his mother. He first contributed cartoons to *Kladderadatsch* in 1906. His style was very modern and looked more like the cartoons that appeared in *Simplicissimus*, the other major German satirical journal of the time. Johnson's cartoons were accused of portraying his victims as grotesque. His style was used with good effect against the Allies during the First World War and opponents of Adolf Hitler in the 1930s. Arthur Johnson died in 1954.

Simplicissimus was a satirical German weekly magazine started by Albert Langen in April 1896 and published until 1967. It took its name from the protagonist of Grimmelshausen's 1668 novel *Der Abenteuerliche Simplicissimus Teutsch.*

The headquarters of the magazine was in Munich. Combining brash and politically daring content, with a bright, immediate, and surprisingly modern graphic style, *Simplicissimus* published the work of writers such as Thomas Mann and Rainer Maria Rilke.

Its most reliable targets for caricature were stiff Prussian military figures, and rigid German social and class distinctions as seen from the more relaxed, liberal atmosphere of Munich. Contributors included Hermann Hesse, Gustav Meyrink, Fanny zu Reventlow, Jakob Wassermann, Frank Wedekind, Heinrich Kley, Alfred Kubin, Otto Nückel, Robert Walser, Heinrich Zille, Hugo von Hofmannsthal, Heinrich Mann, Lessie Sachs, and Erich Kästner.

In 1898 Kaiser Wilhelm's objections to being ridiculed on the cover resulted in the magazine being suppressed. Langen, the publisher, spent five years' exile in Switzerland and was fined 30,000 German gold marks. A six-month prison sentence was given to the cartoonist Heine, and seven months to the writer Frank Wedekind. Again in 1906, editor Ludwig Thoma was imprisoned for six months for attacking the clergy.

These controversies only served to increase circulation, which peaked at about 85,000 copies. Upon Germany's entry into World War I, the weekly dulled its satirical tone, began supporting the war effort and considered closing down. Thereafter, the strongest political satire expressed in graphics became the province of artists George Grosz and Käthe Kollwitz (who were both contributors) and John Heartfield. The editor Ludwig Thoma joined the army in a medical unit in 1917, and lost his taste for satire, denouncing his previous work at the magazine, calling it immature and deplorable. He left the magazine in the 1920s.

During the Weimar era, the magazine continued to publish and took a strong stand against extremists on the left and on the right. As the National Socialists gradually came to power, they issued verbal accusations, attacks, threats and personal intimidation against the artists and writers of *Simplicissimus*, but they did not ban it.

Editor Thomas Theodor Heine, a Jew, was forced to resign and went into exile. Other members of the team, including Karl Arnold, Olaf Gulbransson, Edward Thöny, Erich Schilling and Wilhelm Schulz remained and toed the Nazi party line, for which they were rewarded by the Nazis. It continued publishing, in declining form, until finally ceasing publication in 1944.

Der Wahre Jacob ("The true Jacob") was a German publication of political satire , of social - democratic tendency, that existed from 1879 to 1933. It was founded in Hamburg and its first publisher was Wilhelm Blos , at that time a journalist linked to the socialist newspaper *Hamburg-Altonaer Volksblatt* . German anti-socialist laws of 1878, approved to hinder the organization of the Social Democratic Labor Party, led to the cessation of publication in October 1880.

Blos moved to Stuttgart and succeeded in resuming it in 1884. The circulation at that time was 40,000 copies and each sample cost 10 *pfennig*. His editorial line was intended to ridicule the conservatives, Otto von Bismarck and the Germanic powers (military, bourgeoisie and church), as well as defend social-democratic ideals and their implantation in society.

The repeal of the antisocialist laws in 1890, normalized its publication and from 1891 added cartoons in color. Thanks to this, the circulation increased to 100,000 copies, a figure that tripled in 1912. Although the First World War reduced the distribution, a circulation of 200,000 copies remained that turned it into the most important socialist communication medium in Germany, as well as in the most popular satirical magazine ahead of the *Kladderadatsch* (conservative) and *Simplicissimus* (liberal). German hyperinflation caused its publication to cease on October 12, 1923. In January 1924 a new magazine with less economic means, *Lachen links* , was launched, and in July 1927 the original *Der Wahre Jacob*, very critical with the Nazism and especially with Adolf Hitler, leader of the National Socialist Party. The Nazis' rise to power led to the demise of *Der Wahre Jacob* , who left for the last time on February 25, 1933.

Das europäische Gleichgewicht 1914

▲ European equilibrium in 1914 .. - *Equilibrio europeo nel 1914..*

Note to the plates: *In the caption the magazine are indicated with the initial: A Asino, B Baionette, IL IL 420, LB Lustige blatter. S Simpliccissimus, K Kladderadatsch, WJ Der Wahre Jacob, J Jugend.*

LA SATIRA PRO E CONTRO L'ITALIA NELLA PRIMA GUERRA MONDIALE

Questo volume è dedicato alle fonti, alle immagini, ai contenuti, alla satira e alla propaganda di guerra che vide coinvolta l'Italia durante la prima guerra mondiale.

Attraverso una studiata scelta delle immagini satiriche dei principali giornali di guerra e satirici italiani ed alleati (prevalentemente francesi) e per contro il punto di vista dei contrapposti giornali tedeschi e austriaci. La propaganda nella prima guerra mondiale è stata utilizzata in maniera massiccia, assai più che in tutti i conflitti precedenti. Tutto ciò è stato possibile grazie, alla maggiore diffusione dei mass media nei paesi belligeranti che a tale scopo disponevano di molti mezzi avanzati. Tutti gli stati coinvolti nella prima guerra mondiale, sia gli imperi centrali, sia le potenze dell'intesa, hanno approfittato di questo tipo di guerra, sia pure con le dovute differenze negli scopi e nei modi. Per la prima volta in una guerra mondiale, i volantini e i giornali furono massiciamente utilizzati anche come mezzi di propaganda. Al fine di coordinare i diversi media, tutte le autorità nazionali istituirono le proprie competenze nel corso degli anni della guerra.

ITALIA CROCE E DELIZIA

Quando far Ridere rappresenta anche un'arma micidiale

I giornali di trincea, fatti a colpi di matita, una guerra combattuta non al fronte ma sulle pagine delle riviste e dei giornali umoristici, anche grazie alla qualità dei loro illustratori parlarono un linguaggio comprensibile e valido sia per il soldato nella trincea, sia per le famiglie rimaste a casa in attesa del ritorno dei propri cari dal fronte sia per coloro che non erano stati coinvolti dal conflitto. L'Italia del tempo era soprattutto contadina, e bisognava che il messaggio fosse chiaro, diretto e stereotipato. In realtà la semplicità, elementare era caratteristica della quasi totalità di questi fogli stampati, soprattutto rispetto ai corrispondenti degli alleati o degli avversari. La satira si rivelò sin da subito un ottimo mezzo per la comunicazione rapida, per messaggi di poche parole, sulle quali però si imponeva prepotente il messaggio dell'illustrazione.

Veicolare la propaganda di guerra attraverso questo strumento fu quindi una scelta quasi ovvia, favorita almeno nella prima fase del conflitto anche dai comandi militari in quanto.

Molti dei giornali del tempo abusarono della satira e dell'ironia che, tuttavia spesso rappresentavano una realtà distorta benché tragica. I bersagli preferiti dalla satira, da ogni parte del fronte presentavano feroci caricature dei leader e regnanti dell'epoca. Svariate sono le situazioni di ilarità anche greve che coinvolgono i vari personaggi come il Kaiser, l'imperatore Francesco Giuseppe, Carlo I d'Asburgo, l'imperatrice Zita di Borbone per la parte tedesca e di Churchill, Poincaré ma soprattutto di Vittorio Emanuele II e in subordine di Cadorna e D'annunzio, quando ad essere vittima Dello sfottò sono i capi alleati. Da parte alleata il Kaiser "William" (Guglielmo) è sempre rappresentato con dei baffi che riproducono, forse è un caso, l'iniziale del suo nome, ma anche come un opportunista che usa farsi scudo di altri, spesso dell'ottuagenario Francesco Giuseppe, o a manipolare e suggestionare gli altri alleati come i turchi.

Negli esemplari di produzione austro-ungarica e tedesca, raramente oggetto di esposizione in Italia, l'oggetto della satira è molto spesso il Regno d'Italia, doppiamente "traditore" perché uscito dalla Triplice Alleanza che lo legava ad Austria e Germania fin dal 1882 e perché aveva mire territoriali fino al Brennero, su terre tedescofone. Strali e fulmini si scatenano quindi sul piccoletto, re bambino e nanetto Vittorio Emanuele III. Preso in giro e dileggiato oltre misura, il nostro sovrano di casa Savoia si prese una buona percentuale di attacchi personali durante tutta la guerra, spesso ideale portabandiera di difetti italici: furbi maccheroni, mafiosi e inaffidabili! In seconda battuta, ma spesso legati più a un determinato periodo storico appaiono come bersagli prima D'annunzio per la sua infaticabile e onnipresente opera pro interventismo, successivamente soprattutto il generalissimo Cadorna che si scontra nelle numerose battaglie dell'Isonzo.

Sia da questa parte che dall'altra del fronte, questa indiscutibile, per molti versi, deformazione della realtà il soldato impara a figurarsi l'antagonista ed a coltivare facili e sicuri sentimenti di avversione.

Ovviamente la sdatira genera anche parodie dove possibile, come quella del re antropofago, inventata da Antonio Rubino dove si esamina la candidatura di un degno crudele sostituto del re venuto a mancare ed alla fine la scelta si dirige sul Kaiser Guglielmo II: *Vien Guglielmo col suo vario / Rinomato campionario / D'arti barbare, arti sozze, / gas, siluri e mani mozze. / I cannibali a una voce / Gridan tutti: - il più feroce, / il più barbaro sei tu, / degno re degli Zulù! –*

Lo scopo, palesemente dichiarato consiste quindi nella la demonizzazione del nemico magistralmente interpretata da Ardengo Soffici allora redattore di uno di questi fogli, la Ghirba: "Siamo superati dai tedeschi i quali hanno inventato tali atroci mezzi di strage e di tortura che è nostro preciso dovere quello di ritirarci nelle profondità tenebrose dell'inferno lasciando il comando di tutte le forze infernali nelle mani del Kaiser".

Il nostro nemico "diretto" Carlo I d'Asburgo viene chiamato impietosamente Carlino ne "La Tradotta" a causa della giovane età ed identificato come un bambino bugiardo e capriccioso; era del resto accusato già in patria di essere un debole, un incompetente ed anche succube della moglie di origine italiana (Modena-Este). Sul giornale "Il Razzo" del 1918 viene ironicamente descritta la giornata tipo di *Carletto*. Inizia con la sveglia dopo aver dormito sugli allori, si fa lisciare il pelo dal vecchio feldmaresciallo Konrad, invia notizie sotto forma di bolle di sapone tratte dal secchio dell'Agenzia Informazioni, fa colazione con pane Kappa e... carne Zita, ed appare al centro la sua effige di uomo sdentato, incerottato e pieno di bernoccoli che rappresentano le quote in altezza delle sconfitte subite.

Da parte italiane l'anno chiave per il gran salto di qualità nella guerra di propaganda sui giornali fu certamente il 1918 e comunque l'avvento di Diaz a seguito di Caporetto. Ai ciclostilati "alla buona", del periodo cadorniano, fatti con pochi mezzi dai soldati per i soldati,

Si va sostituendo, in forte ritardo rispetto agli altri paesi belligeranti, una stampa periodica di qualità professionale, scritta e preparata da giornalisti-soldati per i soldati, di buona e spesso ottima grafica. Le cifre parlano da sole: dal giugno 1918 vengono regolarmente spedite quasi trenta riviste e giornali destinate alla prima linea, e alle retrovie e nelle città.

Sono giornali ovviamente differenti uno dall'altro, Punto e faro di riferimento è un modello di successo come quello de "L'Asino" di Podrecca e Galantara, vero punto di riferimento per molti in quei primi decenni del secolo scorso.

A tirare la stampa e a fare da regia al tutto c'è l'Ufficio Propaganda, un Ufficio che detta le direttive principali poi sviluppate dalle redazioni, redazioni nelle quali l'Italia ha la fortuna di avere nomi poi artisti celeberrimi: Pietro Jahier, Gaetano Salvemini, Emilio Cecchi, Giorgio De Chirico, Giuseppe Ungaretti, Curzio Malaparte, Salvator Gotta, Ardengo Soffici e tanti altri.

In fondo se si pensa che nel non lontano 1916, i redattori complessivi addetti al settore erano meno di 20, il passo in avanti fu particolarmente robusto. La satira portata vanti con vignette su giornali e fogli, fu comunque lo sforzo dell'allora "quarto potere"

per incentivare ed assicurare quell'ultimo, necessario balzo in vanti risolutore verso la vittoria finale!

1914-1918 I PIÙ FAMOSI ORGANI DI STAMPA SATIRICI ITALIANI E FRANCESI NEGLI ANNI DELLA GRANDE GUERRA

L'ASINO, Rivista di satira politica, nata a Roma nel 1892, da un idea di Guido Podrecca e Gabriele Galantara, che assunsero rispettivamente gli pseudonimi di "Goliardo" e "Ratalanga", e con questi soprannomi firmarono tutte le uscite della rivista che aveva cadenza settimanale. Pubblicato da Luigi Mongini, editore di tendenze socialiste, derivava il suo nome dalla frase di Guerrazzi, presente nella copertina della rivista stessa: "Come il popolo è l'asino: utile, paziente e bastonato". Caratterizzato da un acceso anticlericalismo e da una forte critica sociale, dominò il giornalismo satirico con coraggiose battaglie contro la corruzione e il malcostume parlamentare. Il giornale ebbe un grande seguito popolare e i due principali redattori furono a varie riprese denunciati, condannati e arrestati. I disegni, veri e propri capolavori, erano soprattutto opera di Galantara (che si firmava Ratalanga), ma vi collaborarono anche Filiberto Scarpelli, Ezio Castellucci, Bruno Angoletta. Con l'avvicinarsi della guerra il giornale assunse una posizione decisamente interventista.

Il pacifista Galantara nutriva simpatia per la Francia democratica e avversione nei confronti degli Imperi centrali, e in particolare dell'Austria, considerati i baluardi della reazione e del clericalismo. Diede il suo apporto alla causa interventista e alla propaganda di guerra con le caricature, divenute famose, di "Guglielmone" e di "Cecco Beppe" e predicando l'ostilità verso la "barbarie teutonica". Le sue vignette vennero ripubblicate su altri giornali dei paesi dell'Intesa e furono esposte nel luglio 1916 alle "Leicester Galleries" di Londra, mentre altre vignette apparvero sul periodico parigino «L'Europe antiprussienne» e sul giornale di trincea «Signor sì». Per le posizioni assunte nei confronti dell'intervento «L'Asino» finì però con l'alienarsi le simpatie delle masse socialiste e perse consenso tra i suoi lettori. Dopo la Prima Guerra Mondiale il giornale continuò nella sua caduta di consensi portando ad una prima chiusura già nel 1918. Nel 1921 L'Asino ritornò alle stampe sotto la redazione del solo Galantara (nel frattempo Podrecca era diventato fascista) e aderendo nuovamente al Partito Socialista. L'Asino antifascista sarà costretto a sospendere le pubblicazioni nella primavera del 1925, dopo una lunga serie di minacce, persecuzioni e di interventi delle squadracce fasciste in redazione.

La Tradotta Fu il più noto, il più diffuso e il più letto giornale di trincea, al fronte e nel Paese. Ideato dal colonnello Ercole Smaniotto, e curato a spese della III Armata, era stampato a Mogliano Veneto e tirato in oltre 50.000 copie. Si avvalse della collaborazione di grossi nomi: Renato Simoni, Arnaldo Fraccaroli, Enrico Sacchetti, Antonio Rubino, Umberto Brunelleschi, Giuseppe Mazzoni, Gino Calza Bini, Riccardo Gigante, che con penna e pennello diedero vita ad articoli, strisce e personaggi insuperati. Tra i personaggi indimenticabili, il soldato Baldoria (creato da Fraccaroli), il caporale C. Piglio (creato da Rubino), l'imboscato Apollo Mari, il fante Mattia Muscolo, il nemico Max Pataten, tedescaccio ubriaco giorno e notte, il dott. Bertoldo Ciucca, inventore, nella sua inutile eterna lotta contro gli imboscati. Le leggiadre figure femminili, grazie ad Umberto Brunelleschi, ebbero uno spazio sconosciuto negli altri giornali. Uscito verso la fine della guerra nel marzo 1918 continuo poi fino all'anno successivo chiudendo infine col numero del luglio 1919.

IL 420 "Mortaio satirico italiano", settimanale fondato a Firenze da Giuseppe Nerbini alla fine del 1914 stampando ppi fino al maggio 1944. Dapprima interventista antitedesco, poi filofascista. Collaborarono al primo 420 le migliori matite del tempo, quali Enrico Sacchetti, Yambo (Enrico Novelli), Mario Fiorini, Filiberto Scarpelli, Foggini, poi il giornale formò una schiera di disegnatori dal tratto più popolaresco: Gino Gamerra, Parenti, Buriko (Antonio Burattini), Gischiat (Gino Schiatti), Brivido (Alberto Manetti).

LA BAJONNETTE Il primo giornale satirico di guerra francese fu La Bajonnette, fondata nel 1915. Gli artisti, impegnati prevalentemente sui temi della Grande Guerra (che peraltro presentavano tra le pagine anche situazioni di vita quotidiana), erano tra le firme più celebri dell'epoca: Paul Iribe, Henri Gerbault, Albert Guillaume, Charles Léandre, Sem (Georges Goursat), Pierre Cami, Adolphe Willette, Francisque Poulbot, Gus Bofa (Gustave Blanchot), Hermann Paul, Louis Raemaekers, assieme agli italiani Leonetto Cappiello, Cesare Giris, Enzo Manfredini, Giulio Toffoli. Notevoli i numerosi paginoni centrali a colori.

LE RIRE Famosissima rivista umoristica di grande popolarità fondata a Parigi da Felix Juven nel 1894, rimasta popi attiva fino ad oltre la metà del XX secolo. Apparve in un momento in cui la borghesia parigina, ormai benestante, era più incline ad interessarsi alle arti e ai piaceri della vita e questo tipo di pubblicazione soddisfaceva ogni sua curiosità. Si occupò dell'affare Dreyfus (lo scandalo esplose proprio nel 1894) cercando di sfruttare i sentimenti anti-repubblicani. Le illustrazioni erano cromolitografie a piena pagina disegnate dai migliori artisti fra cui Téophile Steinlen, Henri de Toulouse-Lautrec, Juan Gris (José Victoriano Gonzalez), Caran D'Ache (Emmanuel Poiré) e molti altri. Durante la Prima Guerra Mondiale si trasformò in un giornale di propaganda e cambiò il nome in "Le Rire rouge".

1914-1918 I PIÙ FAMOSI ORGANI DI STAMPA SATIRICI TEDESCHI NEGLI ANNI DELLA GRANDE GUERRA

Lustige Blatter, la celebre rivista satirica venne fondata dallo scrittore Alexander Moszkowski (1851-1934), che aveva già lavorato per la *Wespe di* Berlino dal 1877 al 1886. Egli, fondò *Lustige Blätter* nel 1886 con Otto Eysler - prima ad Amburgo e poi a Berlino.

Moszowski guidò la rivista fino all'ultimo, quando per problemi di età si ritirò nel 1928 all'età di 77 anni. Dal 1890 in poi, le caricature colorate a pagina intera della prima e ultima pagina, con stampa a colori ebbero l'effetto di aumentare parecchio le vendite della rivista.

Lustige Blätter ricordava molto le riviste satiriche francesi come *Le Rire* e indirettamente l'arte cartellonistica di Henri de Toulouse-Lautrec, con la quale il redattore Edmund Edel ebbe personale amicizia.

Lustige Blätter apparì settimanalmente, affrontando questioni contemporanee, culturali e sociali. Moszowski, che ne fu il direttore fino al 1927, creò personaggi come il "*Lattenfritze*".

Il noto illustratore Heinrich Zille, lavorò anche per *Ulk*, *Jugend* e *Simplicissimus*. Altri artisti importanti che hanno contribuito alle caricature furono Lyonel Feininger, Wilhelm Anton Wellner, Feodor Czabran, Ernst Heilemann, Walter Trier e Julius Klinger.

Tra i più noti autori vi fu anche i poeti Bruno Balz, Maximilian Krämer, Leo Wulff, Betty Korytowska, Max Brinkmann, Rudolf Presber (aka Mirza Spiral) e altri. Durante la Repubblica di Weimar, il giornale continuò la sua popolarità fino all'avvento del nazismo. *Lustige Blätter* sulle prime continuò ad avere una mentalità progressista e liberale, per scadere poi nell'adeguamento alle idee nazionalsocialiste nel corso degli anni, fino alla loro chiusura definitiva nel 1944.

Kladderadatsch fu una rivista satirica nata a Berlino nel 1844 che operò incessantemente fino al 1944, Fondata da Albert Hofmann e David Kalisch, quest'ultimo un celebre umorista berlinese liberale, figlio di un mercante ebreo e autore anche di moltissime commedie. Il nome della rivista deriva da una epressione fonetica tipicamente berlinese che significa grosso modo rottura/esplosione in mille pezzi ecc. Il termine divenne talmente popolare da essere spesso usato come slogan per ironizzare sul collasso della società borghese del tempo.

Dopo la prima guerra mondiale vi fu un crollo nella circolazione della rivista. Nel 1923 Hofmann-Verlag vendette la rivista alla Stinnes Company dell'industriale Hugo Stinnes.

Il contenuto del giornale si spostò così sempre più a destra, finendo col mettersi a disposizione di Hitler già nel 1923. Da allora le caricature divennero sempre più a carattere antisemita.

Nel 1944 il giornale cessò definitivamente le sue pubblicazioni.

Arthur Johnson, la strana figura di un artista Americano al servizio tedesco durante la WW1

Arthur Johnson nacque in Germania nel 1878. Figlio di un Americano ma cresciuto in Germania da parte della madre. Fu uno dei più noti e celebri cartonisti di *Kladderadatsch* sin dal 1906.

Dotato di uno stile modernissimo, che per molti versi ricordava quello assai all'avanguardia usato in *Simplicissimus*, altra importante testata satirica del tempo. Johnson aveva l'innata capacità di mostrare e denigrare efficacemente le sue "vittime" fino al grottesco e al ridicolo. Johnson diede il meglio della sua arte attaccando gli alleati durante la prima Guerra mondiale. Arthur Johnson morì nel 1954.

Simplicissimus era una rivista settimanale tedesca satirica, iniziata da Albert Langen nell'aprile del 1896 e pubblicata fino al 1967. Prese il suo nome dal protagonista del romanzo di Grimmelshausen del 1668, *Der Abenteuerliche Simplicissimus Teutsch*.

La sede del giornale era a Monaco.

Combinando contenuti politicamente audaci, con uno stile grafico luminoso, immediato e sorprendentemente moderno, *Simplicissimus ha* pubblicato il lavoro di famosi scrittori come Thomas Mann e Rainer Maria Rilke. I suoi obiettivi preferiti per la caricatura furono il militarismo prussiano e le rigide distinzioni sociali e classiche tedesche visto con l'occhio più rilassato e liberale di Monaco. Tra i partecipanti figurano Hermann Hesse, Gustav Meyrink, Fanny zu Reventlow, Jakob Wassermann, Frank Wedekind, Heinrich Kley, Alfred Kubin, Otto Nückel, Robert Walser, Heinrich Zille, Hugo von Hofmannsthal, Heinrich Mann, Lessie Sachs e Erich Kästner.

Nel 1898 le obiezioni del Kaiser Wilhelm di essere sempre ridicolizzato sulla copertina del giornale hanno portato alla soppressione della rivista. Langen, l'editore, passò cinque anni della sua vita in esilio in Svizzera ricevendo anche una multa di 30.000 marchi tedeschi. Una condanna a sei mesi venne assegnata al disegnatore Heine e sette mesi allo scrittore Frank Wedekind.

Ancora nel 1906 l'editore Ludwig Thoma fu imprigionato per sei mesi, reo di aver attaccato il clero. Queste controversie servirono però solo ad aumentare la circolazione della rivista, che ha raggiunse un picco di circa 85.000 copie. Dopo l'ingresso della Germania nella Prima Guerra Mondiale, il settimanale sgretolò il suo tono satirico, e adeguandosi al momento, iniziò a sostenere lo sforzo di guerra. Successivamente, dopo il primo conflitto mondiale, riprese con più vigore la vecchia verve e la più forte satira politica espressa in grafica diventa la firma di artisti come George Grosz e Käthe Kollwitz (entrambi collaboratori) e John Heartfield.

Durante gli anni di Weimar la rivista ha continuato a pubblicare prendendo una forte posizione contro gli estremisti di sinistra e di destra. Nel mentre i nazionalsocialisti arrivarono al potere, attaccando, minacciando e intimando il giornale senza però mai chiuderlo. L'editore Thomas Theodor Heine, un ebreo, fu però costretto a dimettersi e a fuggire in esilio. Altri membri della squadra, tra cui Karl Arnold, Olaf Gulbransson, Edward Thöny, Erich Schilling e Wilhelm Schulz rimasero invece al giornale adeguandosi presto alla linea imposta dal partito nazista, e da questo perfino premiati.

Il giornale quindi visse la sua stagione peggiore continuando a pubblicare, fino alla cessazione definitiva della pubblicazione nel 1944.

Der Wahre Jacob ("Il vero Giacobbe") fu una rivista tedesca di satira politica , di tendenza socialdemocratica , esistente dal 1879 al 1933.

Fondata ad Amburgo da Wilhelm Blos, allora un giornalista legato al periodico socialista *Hamburg-Altonaer Volksblatt*. Le leggi anti sociali tedesche del 1878, approvate per ostacolare l'organizzazione del Partito Laburista del Partito Socialdemocratico, portarono alla cessazione della pubblicazione nell'ottobre 1880.

Blos si trasferì allora a Stoccarda e riuscì a riprenderlo nel 1884. La sua linea editoriale doveva ridicolizzare i conservatori tedeschi, ed in primis il cancelliere Otto von Bismarck e le potenze "germaniche" (militari, borghesi e chiese), nonché difendere gli ideali socialdemocratici e il loro impianto nella società. L'abrogazione delle leggi anti sociali nel 1890 normalizzò la sua pubblicazione fino all'introduzione di caricature a colori del 1891.

Grazie a questa novità, la distribuzione aumentò a 100.000 copie, una cifra che venne persino triplicata nel 1912. La prima guerra mondiale, *arruolando* il giornale, vide invece una riduzione della distribuzione, che rimase comunque un importante mezzo di comunicazione socialista in Germania, e la rivista satirica più popolare davanti a *Kladderadatsch* (conservatore) e a *Simplicissimus* (liberale). L'iperinflazione tedesca portò poi alla cessazione della sua pubblicazione il 12 ottobre 1923. Nel gennaio del 1924 venne riaperta ma con minori mezzi economici.

Negli anni successivi prese una forte posizione avversa al nascente nazionalismo di Adolf Hitler. La successiva ascesa al potere dei nazisti ha portato quindi alla morte di *Der Wahre Jacob*, che ha pubblicato il suo ultimo numero il 25 febbraio 1933.

Note alle tavole: *nelle didascalie il nome ella rivista di provenienza delle tavole è indicata con una lettera maisucola accanto all'anno di riferimento: A Asino, B Baionette, IL Il 420, LB Lustige Blatter. S Simpliccissimus, K Kladderadatsch, WJ Der Wahre Jacob, J Jugend.*

Towards the war

SATIRE AGAINST ITALY
LA SATIRA TEDESCA CONTRO L'ITALIA

Tripel=Serenade.

Komm' herab, holde fee,
Komm' in meine Armee — —

Triple serenade: Come down fairy, come in my army

Tripla serenata: vieni giù fatina, viene a combattere con noi.

Der „göttliche" d'Annunzio
Es soll der König mit dem Dichter gehen. „Sempre avanti Savoia!"

The divine D'Annunzio, towards the edge of the precipice reciting "always ahead of Savoy"
Il divino D'Annunzio, verso l'orlo del precipizio recitando "sempre avanti Savoia"

D'Annunzio: I was listening to it all right! I just thought if we even had cannons the likes of his mouth …

D'annunzio - Lo stavo ascoltando tutto bene! Solo pensavo che se avessimo anche cannoni del calibro della sua bocca…

Sir Johns neuester Rekrut

„Von all den dunklen Männern
Wohl die dunkelste Gestalt." (H. Heine)

Of all the grim men, the most grim have been chosen

Fra tutti gli uomini truci, si sono scelti il più truce

„Geſchenkt? Das könnt' mir grade fehlen!
Ich bin ein Lump — ein Lump will ſtehlen!"

And so? We only lacked this thief, and like all thieves he only knows how to steal

E quindi ? Ci mancava solo questo ladro, e come tutti i ladri sa solo rubare

„L'Asino."

Sie lagen am Wege und konnten nicht weiter. Da kam jemand und nahm sie auf den Rücken.

They did not know what to mount until an ass arrived at the end

Non sapevano cosa montare finché alla fine è arrivato un asino

Zur Schlachtbank!

Not suitable for battle

Non adatto alla battaglia…

Am Isonzo. Emanuele: Sie wollten mich doch unsere Erfolge sehen lassen — — ich seh' aber nichts?
Cadorna: Das sind se!

On the Isonzo: The king: "They wanted to show us our successes, but I see nothing". Cadorna: "eh already"
Sull'Isonzo: Il re: "Volevano farci vedere i nostri successi, ma non vedo niente". Cadorna : "eh già"

Zeichnung von F. Jüttner.

Peinliche Überraſchung.

„Wie kommen dieſe verdammten Tedeschi daʒu, uns in die Flucht ʒu ſchlagen, wo Deutſchland uns noch gar nicht den Krieg erklärt hat!"

embarrassing surprise

sorpresa imbarazzante.

Schlechtes Wetter

Cadorna: „Corpo di bacco, schon wieder ein Tropfen!"

Bad weather - Per Bacco is still raining

Maltempo - Per Bacco piove ancora

The ugly duckling

Il brutto anatroccolo

Die erklärliche Langsamkeit

Viktor Emanuel: „Cadorna, es geht ein bißchen langsam mit dem Marsch zum Herzen Österreichs!"
Cadorna: „Majestät, ich entdecke da eben im letzten Augenblick, — daß die Alpen vorgelagert sind!"

The king: this march towards Austria is a little slow. Cadorna - I discover at the last moment that the Alps are impassable …

Il re: è un pò lenta questa marcia verso L'Austria. Cadorna - Scopro all'ultimo momento che le Alpi sono invalicabili…

Il Re Condottiere

An dem Victor-Emanuel-Sieger-Denkmal für Trieſt (als Gegenſtück zum Colleoni-Denkmal) wird bereits fieberhaft gearbeitet.

The King general

Il re condottiero!

Cadorna, der Generalstabsdichter

Gabriele d'Annunzio räumt dem „größeren" Dichter seinen Sitz auf dem nationalen Pegasus ein.

Gabriele D'Annunzio - give the great poet his place in the national Pegasus

Gabriele D'Annunzio - dai al grande poeta il suo posto nel Pegaso nazionale

Poveri tedeschi?

„Was werde ſie make ohne unſere italieniſche Kunſt!!"

Poor Germans, as you will do without great Italian art

Poveri tedeschi, come farete senza la grande arte italiana

Der „Signore".

„Gesteh es nur, Beppo, da unten am Jsonzo sind die österreichischen Frauen arg hinter euch her?"
‚„„Nein, cara mia, — bis jetzt nur die österreichischen Männer!""'

The Gentleman

Il signore

Der „Held vom Isonzo".

„...da plötzlich kommt eine österreichische Granate, schlägt mir hier den Unterarm glatt ab..."
„„Aber, Giuseppe, der Arm ist doch noch dran!""
„Per Dio! wenn ihr so kleinlich seid, — was sagt ihr dann erst zu den Berichten von Cadorna?"

The hero of Isonzo

L'eroe dell'Isonzo

Unsere Zeitgenossen: Victor Emanuel III., König von Italien.

Das Urbild der Treue

The original of fidelity
L'originale della fedeltà

Squeezing strategy

Strategia da spremitura

Der leere Weihnachtsstrumpf.
Dio mio, nicht mal Görz ist drin!

The Xmas stocking is empty, there is not even Gorizia …

La calza della befana è vuoto, non c'è nemmeno Gorizia…

Four Vittorio Emanuele King of Italy as prefered German target of the satire

Quattro esempi di satira tedesca dedicati al re d'Italia Vittorio Emanuele III.

Nikita-lienifches

„Oh, das war mal eine schöne
Rührende Familienszene!"

(Wilhelm Busch.)

Oh what a beautiful family we were …

Oh che bella famiglia eravamo…

Die italienische Anleihe und die Geldschränke

(Das „Journal d'Italie" richtet eine letzte dringende Mahnung an die „Drückeberger des Geldschranks".)

Il Re: „Maledetto! Auch die Geldschränke sind echt italienisch-national: es klingen nur hohle Phrasen heraus."

The king: damn it! The national safe sounds empty …

Il re: maledizione la cassaforte nazionale suona di vuoto…

Il Re im Schützengraben

Cadorna (lächelnd): „Majestät, setzen Sie Ihre — Allerhöchste Person nicht dem feindlichen Feuer aus!"
Il Re (ihn verstehend, wütend): „Schafskopf! Hier sind wir alle — gleich groß!"

The king protected by the trench

Il re protetto dalla trincea

Circus Maximus.

Circus Maximus.

Circo Massimo

Am Grenzwall in Südtirol.
(Nach Scheffel.)

„Ha ... hamm ... hammer dich emol
An dei'm verrissene' Kamisol,
Du schlechter Kerl!"

Near the South Tyrolean border

Nei pressi del confine sudtirolese

Four Vittorio Emanuele King of Italy as prefered German target of the satire

Quattro esempi di satira tedesca dedicati al re d'Italia Vittorio Emanuele III.

Zur Jahresfeier der italienischen Kriegserklärung
„Majestät, die Gratulanten zur Jahresfeier der italienischen Kriegserklärung sind da!"
„Geht nicht! Ich werde gerade — eingeseift!"

The celebration of the first year of the Italian declaration of war

La celebrazione dell'anno della dichiarazione di guerra italiana

Gefangenenverhör. (In Trient.) Der österreichische Offizier: Sie standen zuletzt in Mailand? Und wie ist dort die Stimmung? Der Italiener: Ausgezeichnet . . . Sie werden ja sehen.

The traitors caught up

I traditori acciuffati

Sancho Pansa in Oberitalien.

»Wo nur Cadorna bleibt, um mir den Sieg zu künden?
Er müßt sich, dem Savoyersproß ein Denkmal zu begründen.
Ihr Götter Roms, verleihet doch der freud'gen Botschaft Flügel,
Sonst krieg ich statt des Denkmals noch die allerschönsten Prügel!«

Sancho Panza in north Italy

Sancho Panza in nord Italia

Görz
Der „Befreier" und feine Beute

Gorizia - the liberator and his present

Gorizia - il liberatore e il suo presente

Italy participates!

L'Italia partecipa…

So I got up and so I turned around

Così mi sono alzato e così mi gira

Avanti Savoia!

Reuter meldet: „An der italienischen Front ist alles für die beginnende gemeinsame Offensive vorbereitet. General Cadorna vermag die Angriffslust seiner Truppen kaum noch zu zügeln."

Come on Savoia!

Avanti Savoia

Re Bambinos Zukunft.

Es zeugt immerhin von einem kräftigen Lebenswillen, wenn ein König, der sein Vaterland an England verschachert hat, sich mit dem Handel nützlicher Gebrauchsartikel zu ernähren sucht.

The future of the baby king

Il futuro del re bambino....

Beginn der Kraxel-Saison in den Alpen
Englische Stimme von unten: „Nur Mut, Viktor! Wilson hält schon ein Sprungtuch bereit!"

Start of season in the Alps

Inizio di stagione nelle Alpi

Die Hamsterreise. Der Besuch Viktor Emanuels in Paris hat nach Überwindung einiger Schwierigkeiten zur Befriedigung der berechtigten Wünsche des Herrschers geführt.

the hamster's journey

il viaggio del criceto

Teutoburgo and Isonzo - Cadorna, Cadorna give me back my legions ...

Teutoburgo ed Isonzo - Cadorna, Cadorna ridammi le mie legioni…

Aus dem Militärwochenblatt der Entente
Befördert: Woodrow Wilson zum Zahlmeister der italienischen Armee.

From the military notebook of the alliance

Dal taccuino militare dell'intesa

Der zufriedene Cadorna. „Kanonen futsch! Bagage futsch! Monturen futsch! Nu schön! Man fühlt sich wie neugeboren!"

The satisfied general Cadorna

Il soddisfatto generale Cadorna

Römische Elegie.   Eia, popmia, maaß maahm mir da? – Mir grafan zü Großpapa Nikitr!

Roman elegy

Elegia romana

Notte veneziana. „Wenn du jung biſt und ledig / Und kommſt nach Venedig, / Dann haſt du's gut. Denn hier gleiten die Kähne / Wie kohlſchwarze Schwäne / Leis durch die Flut. Hier umkräh'n dich die Klänge / Der Straßengeſänge / Bei Tag und Nacht. Auf den Brücken, den Plätzen / Wird ſtets zum Entſetzen / Muſik gemacht."

Venetian night

Notte veneziana

Re Bambino   (Frei nach Rembrandt's „Entführung des Ganymed")

The baby king

Il re bambino

A village boy! This is and remains d'Annunzio

Un ragazzotto di paese! Questo è e rimane il d'Annunzio

Beförderung

Cadorna ist vom Oberbefehlshaber zur Oberwetterfahne befördert worden.

The downpour

L'acquazzone

Eine Frage an Italien. „Gondola, signore?"

Typical Italian request: Gondola sir? "

Tipica richiesta italiana: Gondola signore?"

Nach dem Kriegsziel der Entente

Der kleine Italiener mit den kurzen Beinen (keuchend): Uff=Uff! Meint ihr, daß wir bald ankommen?

The objectives of the allies for Italy in the post-war period ...

Gli obiettivi dell'Intesa per il dopoguerra...

Crush them! they are the enemies of Italy

SATIRE FROM & PRO ITALY
LA SATIRA PRO E DALL'ITALIA

L'alleanza.

Non si può negare che i due alleati vadano d'accordo.

it can not be denied that the two allies get along

La neutralità italiana.

Italian neutrality

Just he has those two cats to skin he will not die fearing nothing

L'equilibrista Salandra e il naso di Guglielmone.

Salandra l'équilibriste et le nez du grand Guillaume.

The balancer Italian first minister and the nose of big Whilelm

"excellence Ist minister is just minutes away from the war", reply: " do not be in a hurry, the watch is stopped"

Four italian satyrical sheet b from the war magazine il 420 of Florence,

Sonata . . . italiana.   Sonate . . . italienne.   Italian . . . sonata.

Italian song..

every night dreams of a great battle, you hear that deafening noise, this is suffocating gas, you're not mistaken

La punizione... quando ci sarà la Pace.   La punition... lorsq'on fera la Paix.   The punishment... when Peace comes.

the punishment when peace comes ...

Bravo my dear "Poilou" you are fighting for the liberty all people!

A Gorizia

— Cosa comanda d'altro?
— Per ora ho mangiato *parecchio*. A più tardi il resto...

A Gorizia

— Que désirez vous encore?
— Pour le moment j'ai mangé *parecchio*. A plus tard le reste...

At Gorizia

— What more do you want?
« For the moment I have eaten *parecchio* ». Later on I'll have the remainder

What more do you want? - For the moment I have eaten very much, later on I'll have the remainder

Cecco Beppe all'Inferno
Il nostro primo abbonato per il 1917

François-Joseph en enfer
Notre premier abonné pour l'an 1917.

Joey in Hell
Our first subscriber for 1917.

The Austrian Emperor in Hell - our first subscriber for 1917

LEURS USINES DE GUERRE
— Et ça, est-ce des macaronis ?

(Dessin d'Ancrenaz.)

.. Their armaments! Can we still call them macaroni?

..I loro armamentari! Li possiamo ancora chiamare maccheroni ?

(Dessin de Cerda Wegener.)

LA VEUVE JOYEUSE

— *Ne vous fatiguez pas trop avec moi, Madame l'Autriche ; voici mon ami le Russe qui vient vous offrir la prochaine valse!...*

No tiring too much my dear Austrian, the Russian friend is coming for a new round of waltz ...

No affaticatevi troppo mia cara austriaca, sta arrivando l'amico russo per un nuovo giro di valzer...

Without words

Senza parole

SUR L'IZONSO
— L'Aigle impérial ? Ce sera un hors d'œuvre pour le dîner de ma louve.

The imperial eagle? it will be an excellent dinner for my wolf

L'aquila imperiale ? sarà un ottima cena per la mia lupa...

La pace

Gaglielmone: La mia Pace, la voglio cosi!

La Paix

Guillaume: Ma Paix à moi, je la veux ainsi!

Peace

Bill: I will have my peace this way!

Bill: " I will have my peace this way".

Il Castigo.   **La Punition.**   **The Punishment.**

Pere mature
—: Finirete bene per cadere... anche voi!

Poires mûres
: Vous finirez bien par tomber... vous aussi!

Ripe pears
Constantine: « You also will end by... falling! »

Ripe pears: £you also will end by...falling!

Il Kaiser, il suo popolo e la... Pace   Le Kaiser, son peuple et la... Paix   The Kaiser, his people and... Peace

The kaiser: his people and .. peace

La disgrazia di Carluccio

Guglielmone: Cosa ti hanno fatto, Carluccio, quei cattivi italiani?
Carlo: Non vedi? Mi hanno rotto il mandolino.

Le malheur de Charly

Guillaume: Que t'ont-ils fait, Charly, ces vilains italiens?
Charly: Ne vois-tu pas? Ils m'ont cassé la mandoline.

Charlie's misfortune

Bill: What have those wicked Italians done to you Charlie?
Charlie: Don't you see? They 've broken my mandoline.

il popolo italiano secondo il sogno tedesco.

e peuple italien selon le rêve allemand.

A german dream of the italian people.

A German dream of the Italian people...

L'AVVENIRE RUSSO

Bolcheviko: Finalmente liberi! Evviva la liberta!

L'AVENIR RUSSE

Bolchevick: Enfin libres! Vive la liberté!

THE RUSSIAN FUTURE

The Bolshevik*: Free at last! Long live liberty!

..The Russian future - Free at last! Long live liberty!

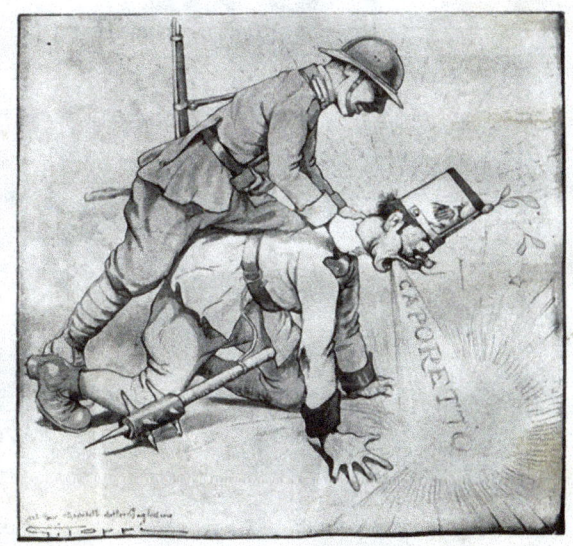

Four italian satyrical sheet b from the war magazine il 420 of Florence,

Quattro fogli satirici da copertine di altrettante copie della rivista fiorentina Il 420!

— Ancora più sangue... per volontà del Kaiser e del suo popolo.   — Davantage de sang... par volonté du Kaiser et de son peuple.   — Still more blood... by the Kaiser's wish and his people.

Still more blood... By the Kaiser wish and his people.

L'OFFENSIVA TEDESCA — L'OFFENSIVE ALLEMANDE — THE GERMAN OFFENSIVE
Arrestata! — Arrêtée! — Arrested!

The German Offensive...arrested!

I DUE FIASCHI

Carluccio: — Il mio è grande!
Guglielmone: — Ma il mio è più grande del tuo!

LES DEUX " FIASCHI "

Charly: — Le mien est grand!
Guillaume: — Mais le mien est plus grand que le tien!

THE TWO " FIASCHI "

Carlie: — Mine is big!
Billy: — But mine is bigger than yours!

the Piave murmured, the foreigner does not pass

Una decorazione meritata

Guglielmone: Eccoti, Lenine, la Croce... della riconoscenza prussiana.

Une décoration méritée

Guillaume: Voilà, Lenin, la Croix... de la reconnaissance prussienne.

Well - earned honours

Bill: "Here, Lenine, is the cross of... Prussian gratitude...

Well - earned honours. Bill: "Here, Lenin, is the cross of Prussian gratitude..."

1914-1918 WW1 VOLUMES ALREADY PUBLISHED OR IN WORKING

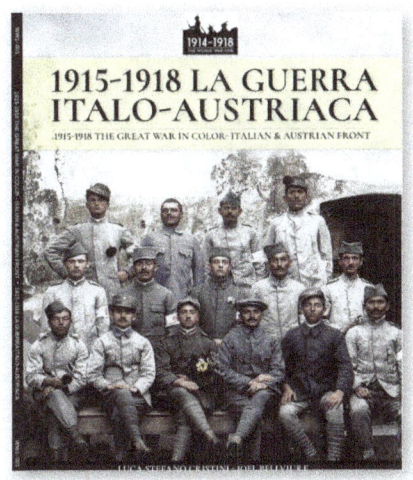
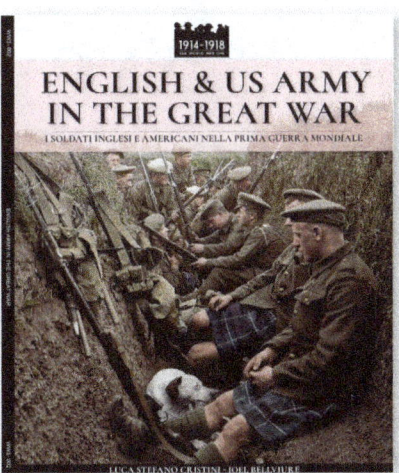
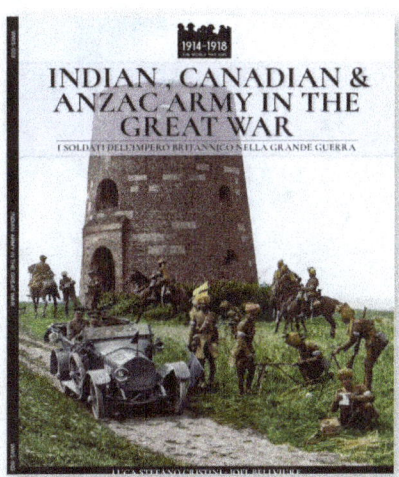

The book of the serie:

WW1-001 - 1915-1918 la Guerra Italo-Austriaca (The Great war in color -Italian & Austrian front)

WW1-002 - 1914-1918 German wartime propaganda

WW1-003 - 1915-1918 Italian pro & cons satire

WW1-004 - German & French Army in the Great War

WW1-005 - 1914-1918 French wartime satire

WW1-006 - Indian, Canadian & Anzac Army in the Great War

WW1-007 - English & US Army in the Great War

WW1-008 - Russian, Turkish and Balkan Army in the Great War

1914-1918
THE WORLD WAR ONE

BOOKS TO COLLECT